예수님과 함께 비전공과

[테마2] 1학기

예수님과 함께 비전공과 영유치부(어린이용)

[테마2] 1학기

초판 1쇄 발행 | 2018. 11. 30
초판 1쇄 인쇄 | 2018. 11. 30
교재 집필위원 | 정신일 김선미 이지선 김세배
자문위원 | 천준호 정신일 김영수 김동진 표경운 송지헌 최만호
남선우 정풍군
펴낸 곳 | 크리스천리더
편 집 | 이지선
교 정 | 성주희
일부 총판 | 생명의 말씀사 (02) 3159-7979
등 록 | 제 2-2727호(1999. 9.30)
주 소 | 부천시 원미구 중동 1289번지 팰리스카운티 아이파크상가 3층
전 화 | (032) 342-1979
팩 스 | (032) 343-3567
도서 출간 상담 | E-mail:chmbit@hanmail.net
Homepage | www.cjesus.co.kr

ISBN : 978-89-6594-264-1 04230
ISBN : 978-89-6594-228-3 (세트)

징가 : 4,500원

Leadership
& Partnership

1년 52주 테마별 비전공과

테마2.
예수님을
닮아가는 리더

예수님과함께

비전공과

재미있게 배워요~^^

1학기
영유치부
어린이용

CLS 크리스천리더

1과 복음은 능력이에요

사도행전 16장 16-34절

"이르되 주 예수를 믿으라 그리하면 너와 네 집이 구원을 받으리라 하고 주의 말씀을 그 사람과 그 집에 있는 모든 사람에게 전하더라" (행 16:31~32)

아래 장면을 성경 이야기 들은 내용의 순서에 맞게 번호를 매겨 봅시다.

알콩달콩~ 재미있게 배워요!

1. 바울과 실라는 왜 감옥에 갇히게 되었을까요? 아래의 두 그림 중 알맞은 것을 고르세요.

귀신들린 여종과 싸웠어요.

귀신들린 여종에게서
귀신을 쫓아냈어요.

2 어떻게 하면 구원을 얻을 수 있는지 묻는 간수에게 바울은 뭐라고 대답했나요?
아래의 상자에 있는 같은 모양의 글자를 조합하여 문장을 완성해보세요.

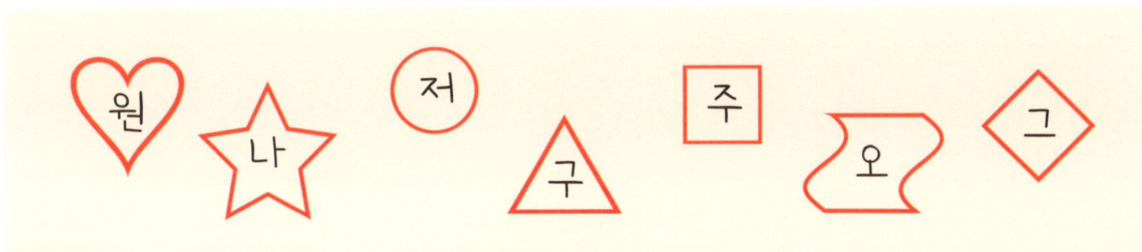

"이르되 □ 예수를 믿으라 그리하면 너와 네 집이 △ ♡ 을 받으리라."

함께 외쳐요!

"리더는 어떤 순간에도 복음을 전하는 사람입니다."

2과 말씀은 능력이에요

마태복음 4장 1-4절

“예수께서 대답하여 이르시되 기록되었으되 사람이 떡으로만 살 것이 아니요 하나님의 입으로부터 나오는 모든 말씀으로 살 것이라 하였느니라 하시니” (마 4:4)

아래 장면을 성경 이야기 들은 내용의 순서에 맞게 번호를 매겨 봅시다.

알콩달콩~ 재미있게 배워요!

1. 예수님은 며칠동안 금식하셨을까요? 맞는 곳에 동그라미 쳐 봅시다.

> "예수님은 성령님의 인도를 받아 광야로 가셨어요."
>
> "그리고 예수님은 ________ 일 동안 아무것도 먹지 않으셨어요."

① 10일　　② 20일　　③ 30일　　④ 40일

2. 아래의 말씀을 또박또박 따라 써보고 외워봅시다.

"…사람이 떡으로만 살 것이 아니요
하나님의 입으로부터 나오는 모든 말씀으로
살 것이라 하였느니라…" (4절)

함께 외쳐요!

"리더는 성경책을 읽는 사람입니다."

3과 꿈은 이루어진다

누가복음 6장 12-20절

"예수께서 눈을 들어 제자들을 보시고 이르시되 너희 가난한 자는 복이 있나니 하나님의 나라가 너희 것임이요" (눅 6:20)

아래 장면을 성경 이야기 들은 내용의 순서에 맞게 번호를 매겨 봅시다.

알콩달콩~ 재미있게 배워요!

1. 아래의 성경 인물 중에서 예수님의 12제자가 아닌 사람을 골라보세요.

① 베드로

② 안드레

③ 마태

④ 다윗

2. 아래 그림의 행동을 했을 때 누가 기뻐할까요? 맞는 곳에 선을 그어보세요.

오랫동안 게임만 했어요. •

성경 말씀을 읽었어요. •

기도했어요. •

친구들과 싸웠어요. •

친구를 전도했어요. •

늦잠자서 교회 늦었어요. •

• 

예수님

• 

마귀, 사탄

함께 외쳐요!

"리더는 하나님의 꿈을 이루는 사람입니다."

4과 예비하시는 하나님

● 이야기 나누기

"여러분, 밥을 못 먹으면 어떻게 되죠?"

마태복음 8장 5-13절

"백부장이 대답하여 이르되 주여 내 집에 들어오심을 나는 감당하지 못하겠사오니 다만 말씀으로만 하옵소서 그러면 내 하인이 낫겠사옵나이다" (마 8:8)

아래 장면을 성경 이야기 들은 내용의 순서에 맞게 번호를 매겨 봅시다.

알콩달콩~ 재미있게 배워요!

1. 예수님께서는 백부장의 OO을 칭찬하셨어요. OO에 들어갈 단어는 무엇인지 아래의 상자에서 찾아보세요.

가	간	강	각	기	긴	긷
나	난	닌	님	날	닐	느
마	막	머	며	무	민	믿
바	발	반	빈	빔	부	비
사	삭	샤	시	수	숭	심
아	야	우	은	음	이	앙

2. 놀이공원에서 신나게 놀고있네요. 그런데, 여기 백부장의 그림이 숨어있어요. 찾아서 동그라미를 쳐봅시다.

함께 외쳐요!

"리더는 다른 사람의 고통을 함께 느낄 수 있는 사람입니다."

5과 믿음을 가져야 해요

마가복음 1장 16-20절

"곧 부르시니 그 아버지 세베대를 품꾼들과 함께 배에 버려 두고 예수를 따라가니라" (막 1:20)

아래 장면을 성경 이야기 들은 내용의 순서에 맞게 번호를 매겨 봅시다.

알콩달콩~ 재미있게 배워요!

1. 아래의 그림 중에서 가장 소중하며 반드시 있어야 하는 것에 동그라미를 쳐봅시다. 또한 왜 소중하다고 생각하는지 이야기 해 봅시다.

2. 아래의 그림에서 요한이 예수님을 만나기 전에 어디에서 무엇을 하고 있었는지 맞는 것을 찾아 동그라미 쳐보세요.

함께 외쳐요!

"리더는 예수님을 믿는 사람입니다."

6과 사랑이란 무엇일까요?

마가복음 10장 35-45절

"너희 중에는 그렇지 않을지니 너희 중에 누구든지 크고자 하는 자는 너희를 섬기는 자가 되고 너희 중에 누구든지 으뜸이 되고자 하는 자는 모든 사람의 종이 되어야 하리라" (막 10:43~44)

아래 장면을 성경 이야기 들은 내용의 순서에 맞게 번호를 매겨 봅시다.

알콩달콩~ 재미있게 배워요!

1. 예수님은 어떤 사람이 큰 사람이라고 했나요? (43절)

2. 이번 한주간 동안 집, 유치원, 교회에서 섬기는 어린이가 되어 보아요.

집	유치원	교회
부모님께 안마 해드려요.	선생님과 친구들에게 먼저 인사해요.	주일예배에 늦지 않아요.

함께 외쳐요!

"리더는 섬기는 사람입니다."

7과 예수님은 용서하셨어요

● 이야기 나누기

"여러분, 부모님께 거짓말 해본 적 있어요?"

요한복음 3장 16-21절

"하나님이 세상을 이처럼 사랑하사 독생자를 주셨으니 이는 그를 믿는 자마다 멸망하지 않고 영생을 얻게 하려 하심이라" (요 3:16)

아래 장면을 성경 이야기 들은 내용의 순서에 맞게 번호를 매겨 봅시다.

알콩달콩~ 재미있게 배워요!

1. 다음 빈칸에 알맞은 단어를 넣어보세요. (16절)

(보기) 멸망 영생 독생자 성령님

"하나님이 세상을 이처럼 사랑하사 ( )를 주셨으니 이는 그를 믿는 자마다 ( )하지 않고 ( )을 얻게 하려 하심이라"

2 예수님을 만나러 가기 위해서는 '용서해요' 글씨를 따라가면 돼요.
'용서해요' 글씨를 색칠하면서 예수님을 만나러 가요!

질	투	해	요	요	용	서	해	요	흥
미	워	해	요	해	화	가	나	워	잘
기	미	싫	어	서	미	워	힘	해	난
내	워	싫	어	용	싫	어	들	요	척
요	해	미	워	요	해	서	용	요	해
흥	요	미	워	싫	어	해	요	해	요
싫	어	해	요	교	만	해	요	서	자
어	흥	거	짓	말	해	요	흥	용	랑
요	용	서	해	요	용	서	해	요	해
출발! ↑		질	투	해	요	시	기	해	요

함께 외쳐요!

"리더는 용서할 줄 아는 사람입니다."

8과 예수님은 날 위해 죽으셨어요

요한일서 2장 1-6절

"그는 우리 죄를 위한 화목 제물이니 우리만 위할 뿐 아니요 온 세상의 죄를 위하심이라" (요일 2:2)

아래 장면을 성경 이야기 들은 내용의 순서에 맞게 번호를 매겨 봅시다.

알콩달콩~ 재미있게 배워요!

1. 그림을 보고 아래의 괄호 안에 들어갈 한 단어를 찾아 기록해 보세요.

"그는 우리 (　　　　)를 위한 화목 제물이니 우리만 위할 뿐 아니요
온 세상의 (　　　　)를 위하심이라"

2. 나를 위해 십자가를 지신 예수님께 감사하며 예쁘게 색칠해 봅시다.

함께 외쳐요!

"리더는 자신을 희생하는 사람입니다."

9과 포기하지 않는 믿음을 가져요

● 이야기 나누기

"여러분, 엄마 아빠가 약속을 잘 지키나요?"

창세기 22장 1-12절

"사자가 이르시되 그 아이에게 네 손을 대지 말라 그에게 아무 일도 하지 말라 네가 네 아들 네 독자까지도 내게 아끼지 아니하였으니 내가 이제야 네가 하나님을 경외하는 줄을 아노라" (창 22:12)

아래 장면을 성경 이야기 들은 내용의 순서에 맞게 번호를 매겨 봅시다.

알콩달콩~ 재미있게 배워요!

1. 아브라함은 하나님 말씀에 순종하여 아들 이삭을 바쳤어요. 아래의 아브라함과 이삭의 모습을 예쁘게 색칠해보아요.

함께 외쳐요!

"리더는 하나님의 말씀을 잘 지키는 사람입니다."

10과 아브라함을 부르셨어요

● 이야기 나누기

"여러분, 혼자서도 잘하는 것이 뭐예요?"

창세기 12장 1-9절

"여호와께서 아브람에게 이르시되 너는 너의 고향과 친척과 아버지의 집을 떠나 내가 네게 보여 줄 땅으로 가라" (창 12:1)

아래 장면을 성경 이야기 들은 내용의 순서에 맞게 번호를 매겨 봅시다.

알콩달콩~ 재미있게 배워요!

1. 아래의 성경구절에서 빈칸에 들어갈 단어는 무엇인지 상자에서 골라 넣어보세요.

아	가	이	오	버	지	음	장	코	라	행	사	복	히

"여호와께서 아브람에게 이르시되 너는 너의 고향과 친척과 □□□의 집을 떠나 내가 네게 보여 줄 땅으로 □□" (창세기 12:1)

2. 하나님은 아브라함에게 복을 주셨어요. 나는 어떤 복을 받기 원하나요? 하나님께 받고싶은 복을 적어보세요.

"하나님 제게 이런 축복을 주세요."

첫째, ____________________

둘째, ____________________

셋째, ____________________

선하게 아름답게 사용하겠습니다.

함께 외쳐요!

"리더는 하나님의 영광을 위해 도전하는 사람입니다."

11과 용기를 주는 사람

창세기 22장 4-12절

"아브라함이 이르되 내 아들아 번제할 어린 양은 하나님이 자기를 위하여 친히 준비하시리라 하고 두 사람이 함께 나아가서" (창 22:8)

아래 장면을 성경 이야기 들은 내용의 순서에 맞게 번호를 매겨 봅시다.

알콩달콩~ 재미있게 배워요!

1. 아브라함과 이삭이 모리아 산으로 가고 있어요. 아브라함과 이삭이 모리아 산에 가지고 간 것들을 찾아 동그라미를 치면서 모리아 산에 도착해보세요.

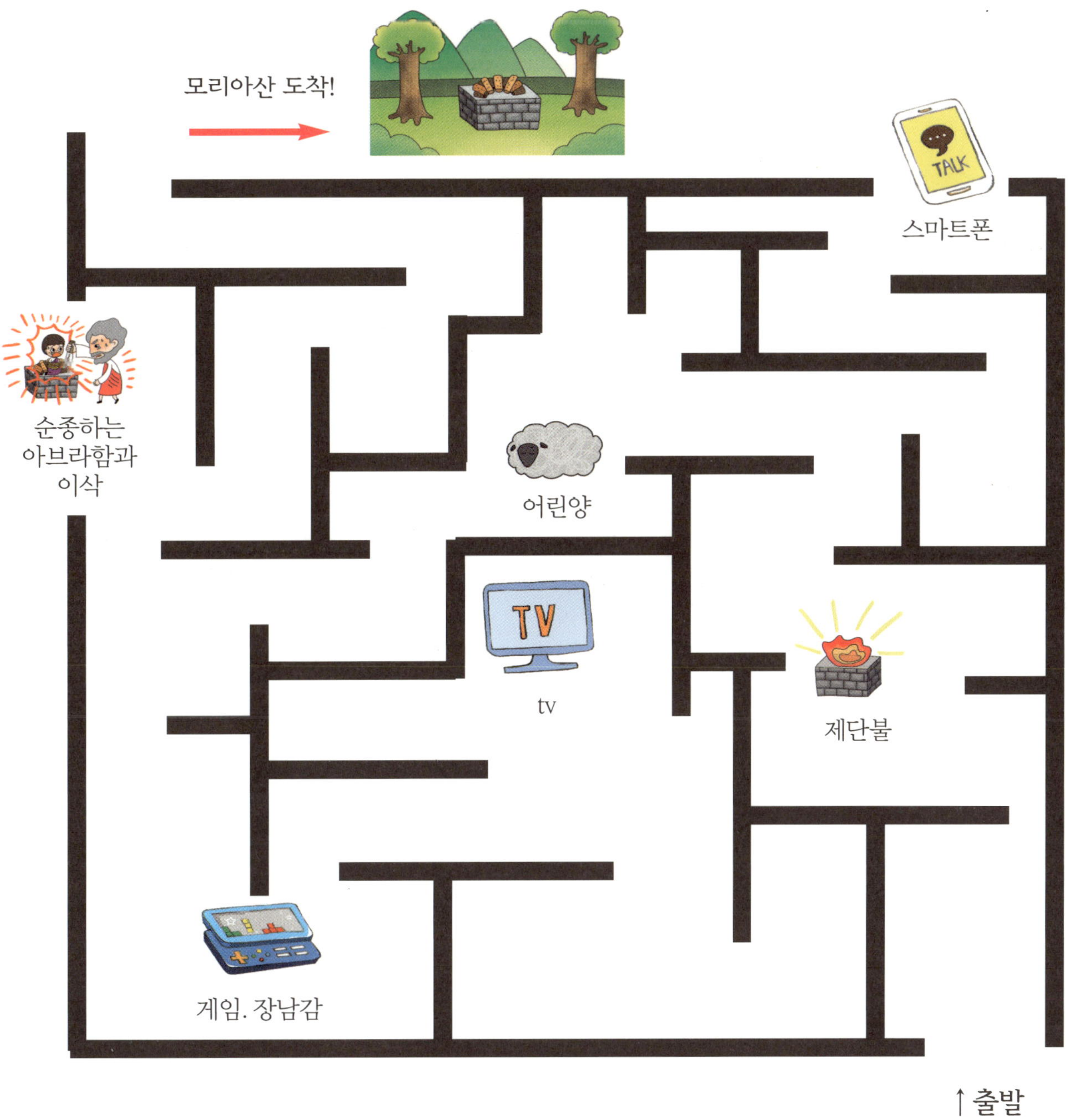

함께 외쳐요!

"리더는 다른 사람에게 용기를 주는 사람입니다."

12과 희망의 땅

사도행전 7장 2-5절

"그러나 여기서 발붙일 만한 땅도 유업으로 주지 아니하시고 다만 이 땅을 아직 자식도 없는 그와 그의 후손에게 소유로 주신다고 약속하셨으며" (행 7:5)

왼편의 그림은 어떤 내용의 그림인가요? 오른편 박스에 적어봅시다.

알콩달콩~ 재미있게 배워요!

1. 아브라함은 하나님의 OO을 믿었어요. OO이 무엇인지 아래의 그림에서 노란색으로 체크된 부분만 색칠해보고 답을 찾아보아요.

2. 스데반은 예수님이 어떤 분이라고 했나요? 맞는 것에 동그라미를 쳐보세요.
   ① 예수님은 우리를 사랑하지 않으십니다.
   ② 예수님은 구원자이십니다.
   ③ 예수님은 십자가에 못박히지 않으셨습니다.
   ④ 예수님은 부자만 사랑하십니다.

함께 외쳐요!

"리더는 희망을 품는 사람입니다."

13과 겸손의 왕 (종려주일)

누가복음 19장 28-40절

"이르되 찬송하리로다 주의 이름으로 오시는 왕이여 하늘에는 평화요 가장 높은 곳에는 영광이로다 하니" (눅 19:38)

아래 장면을 성경 이야기 들은 내용의 순서에 맞게 번호를 매겨 봅시다.

알콩달콩~ 재미있게 배워요!

1. 오늘 말씀에서 예수님이 제자들에게 무엇을 끌고 오라고 하셨나요?

돼지

닭

나귀새끼

2. 오늘 말씀에서 수많은 제자들은 예수님을 보고 어떻게 찬양했나요?
아래의 그림에서 힌트를 찾아 정답을 맞혀보세요.

정답 :

함께 외쳐요!

"리더는 겸손한 사람입니다."

14과 한마음과 한뜻

● 이야기 나누기

"여러분, 누가 사람을 만들었을까요?"

사도행전 4장 32-37절

"믿는 무리가 한마음과 한 뜻이 되어 모든 물건을 서로 통용하고 자기 재물을 조금이라도 자기 것이라 하는 이가 하나도 없더라" (행 4:32)

아래 장면을 성경 이야기 들은 내용의 순서에 맞게 번호를 매겨 봅시다.

알콩달콩~ 재미있게 배워요!

1. 바나바는 어떤 사람이었나요? 틀린 곳에 동그라미를 치세요.

① 하나님을 사랑하고 열심히 복음을 전파하였던 자였어요.
② 구브로에서 태어났어요.
③ 자기 밭을 팔아서 하나님께 헌금했어요.
④ 성령님을 속여서 벌을 받았어요.

2. 초대교회에 예수님을 믿었던 성도들의 모습이 아닌 것에 동그라미를 쳐봅시다.

서로 물건을 나누었어요

서로 다투고 화냈어요

다른 사람들 몰래 돈을 챙겼어요

함께 음식을 나눠먹었어요

함께 외쳐요!

"리더는 인생의 참 의미를 아는 사람입니다."

15과 이단을 조심해야 해요

사도행전 14장 8-18절

"여러분에게 복음을 전하는 것은 이런 헛된 일을 버리고 천지와 바다와 그 가운데 만물을 지으시고 살아 계신 하나님께로 돌아오게 함이라" (행 14:15)

아래 장면을 성경 이야기 들은 내용의 순서에 맞게 번호를 매겨 봅시다.

알콩달콩~ 재미있게 배워요!

[아래의 질문에 성경말씀을 찾아서 답을 적어보세요.]

1. 바울과 바나바는 루스드라에서 어떤 기적을 보여주었나요? (사도행전 14장 10절 말씀)

2. 무리들은 바나바와 바울을 어떻게 불렀습니까? (사도행전 14장 12절 말씀)

[성경말씀 찾아 빈칸 채우기]

3. 사람들은 바울이 한 일을 보고 어떻게 오해했나요?(11-13절)
아래의 빈칸을 완성해 보세요.

신	들	이		사	람	의				으	로
우	리	가	운	데		내	려	오	셨	다	
하	여		바	나	바	는					라
하	고		바	울	은		그		중	에	
말	하	는		자	이	므	로				
	라		하	더	라		시	외	제	우	스
신	당	의		제	사	장	이				
									대	문	앞
에											

함께 외쳐요!

"리더는 잘못된 것을 바로 잡아줄 수 있는 사람입니다."

16과 예수님 이름으로

● 이야기 나누기

"여러분, 자기의 이름을 크게 외쳐볼까요?"

사도행전 11장 19-24절

"주의 손이 그들과 함께 하시매 수많은 사람들이 믿고 주께 돌아오더라" (행 11:21)

아래 장면을 성경 이야기 들은 내용의 순서에 맞게 번호를 매겨 봅시다.

알콩달콩~ 재미있게 배워요!

1. 예루살렘 교회는 바나바를 어디로 보냈나요?

① 안디온　② 안디옥　③ 안되오　④ 안디인

2. 아래의 그림은 안디옥교회의 모습이에요. 그림 중 안디옥교회와 어울리지 않는 모습을 찾아보세요.

함께 외쳐요!

"리더는 진리를 아는 사람입니다."

17과 회개기도는 능력이에요

사도행전 9장 26-31절

"사울이 예루살렘에 가서 제자들을 사귀고자 하나 다 두려워하여 그가 제자 됨을 믿지 아니하니" (행 9:26)

아래 장면을 성경 이야기 들은 내용의 순서에 맞게 번호를 매겨 봅시다.

알콩달콩~ 재미있게 배워요!

1. 잘못된 모습을 회개의 기도로 바꿔보면서 내가 지었던 죄를 회개하는 시간을 가져봅시다.

잘못했어요	용서해주세요!
 친구와 싸웠어요!	
 엄마에게 거짓말 했어요.	
 계속 게임을 했어요.	

함께 외쳐요!

"리더는 잘못을 인정하는 사람입니다."

18과 부활의 주인공 (부활주일)

요한복음 20장 11-18절

"막달라 마리아가 가서 제자들에게 내가 주를 보았다 하고 또 주께서 자기에게 이렇게 말씀하셨다 이르니라" (요 20:18)

아래 장면을 성경 이야기 들은 내용의 순서에 맞게 번호를 매겨 봅시다.

알콩달콩~ 재미있게 배워요!

1. 오늘 배운 말씀을 기억하며 아래의 그림을 예쁘게 색칠해보세요.

함께 외쳐요!

“리더는 사실을 있는 그대로 전하는 사람입니다.”

19과 새로운 결심

사무엘상 1장 9-11절

"서원하여 이르되 만군의 여호와여 만일 주의 여종의 고통을 돌보시고 나를 기억하사 주의 여종을 잊지 아니하시고 주의 여종에게 아들을 주시면 내가 그의 평생에 그를 여호와께 드리고 삭도를 그의 머리에 대지 아니하겠나이다" (삼상 1:11)

아래 장면을 성경 이야기 들은 내용의 순서에 맞게 번호를 매겨 봅시다.

알콩달콩~ 재미있게 배워요!

1. 한나는 자식을 얻기 위해서 어떻게 했나요? 아래의 글자 박스 위에 올바른 문장 순서를 적어보세요.

기도했어요	한나는	간절히	하나님께

2. 아래의 상자에서 오늘 말씀과 관련된 단어 3가지를 찾아보세요.

힌트 : 사O엘, O도, 결O

아	이	스	크	림	자	우
저	름	사	무	엘	동	리
씨	뽀	로	로	엄	차	교
유	치	원	핸	마	신	회
결	연	필	드	기	호	친
심	공	부	폰	도	등	구
색	종	이	사	심	과	자

함께 외쳐요!

“리더는 결단하는 사람입니다.”

20과 신앙의 기초

사무엘상 1장 19-28절

"그러므로 나도 그를 여호와께 드리되 그의 평생을 여호와께 드리나이다 하고 그가 거기서 여호와께 경배하니라" (삼상 1:28)

아래 장면을 성경 이야기 들은 내용의 순서에 맞게 번호를 매겨 봅시다.

알콩달콩~ 재미있게 배워요!

1. 한나는 왜 아들의 이름을 사무엘이라고 불렀나요? 오늘 배운 말씀을 기억하면서 아래의 빈칸을 채워보아요.

내	가				께	그	를	구	하	였	다

2. 친구들과 함께 재미있는 성경제목 찾기 게임을 해봅시다. 아래 박스에서 성경제목만 골라 동그라미를 치세요. 가장 많이 찾은 친구가 승리. (제한시간 3분)

잠언 창세기 로마서 십계명
다윗 시편 아론
출애굽기 아담 레위기 아멘
고린도전서 느헤미야
에스라 민수기
요셉 사도요한 말씀 룻기
노아 마태복음 헌금
사사기 여호수아 사도행전
갈라디아서 요나 예수님
베드로 에베소서 바울 모세

함께 외쳐요!

"리더는 신앙의 기초가 든든한 사람입니다."

21과 바른 길

사무엘상 1장 9-18절

"한나가 대답하여 이르되 내 주여 그렇지 아니하니이다 나는 마음이 슬픈 여자라 포도주나 독주를 마신 것이 아니요 여호와 앞에 내 심정을 통한 것뿐이오니" (삼상 1:15)

아래 장면을 성경 이야기 들은 내용의 순서에 맞게 번호를 매겨 봅시다.

알콩달콩~ 재미있게 배워요!

1. 오늘 말씀을 기억하며 아래의 문장에서 잘못된 곳을 올바르게 고쳐보세요.

한나는 ~~노래~~하기 위해 ~~집~~으로 갔습니다.

2.아래의 힌트를 보고 찾아야 할 사람 3명을 찾아보세요.

찾아야 할 사람 : 한나, 제사장, 한나의 남편 엘가나

힌트1. 한나는 두 손을 모으고 주황색 옷을 입고 있어요 | **힌트2.** 제사장은 빨간 모자를 쓰고 한 손에 병을 들고 있어요 | **힌트3.** 엘가나는 노란 모자를 쓰고 노란색과 주황색 옷을 겹쳐 입었어요

함께 외쳐요!

"리더는 자신의 주장이 뚜렷한 사람입니다. 즉, 항상 바른 길을 선택해야 합니다."

22과 소원

사무엘상 2장 1-8절

"여호와와 같이 거룩하신 이가 없으시니 이는 주 밖에 다른 이가 없고 우리 하나님 같은 반석도 없으심이니이다" (삼상 2:2)

왼편의 그림은 어떤 내용의 그림인가요? 오른편 박스에 적어봅시다.

알콩달콩~ 재미있게 배워요!

1. 한나가 하나님께 간절히 기도하고 있어요. 아래에서 숨은그림을 찾아봅시다.

2.기도는 어떻게 드려야 하는지 선생님께 듣고 직접 기도문을 써봅시다.

함께 외쳐요!

"리더는 소원을 위해 노력하는 사람입니다."

23과 한마음 (성령강림주일)

사도행전 2장 1-13절

"그들이 다 성령의 충만함을 받고 성령이 말하게 하심을 따라 다른 언어들로 말하기를 시작하니라" (행 2:4)

아래 장면을 성경 이야기 들은 내용의 순서에 맞게 번호를 매겨 봅시다.

알콩달콩~ 재미있게 배워요!

1. 오늘 배운 말씀을 기억하며 아래의 보기 중 성령충만한 어린이의 올바른 모습이 아닌 것을 골라 엑스표를 쳐보세요.

열심히
기도했어요

할머니 짐을
들어드렸어요

늦잠자서
교회에 지각했어요

2. 아래 그림에서 숨은 그림을 찾아 동그라미를 쳐봅시다.

숨은 그림 : 장미꽃송이, 창, 물고기, 십자가, 양초

함께 외쳐요!

"리더는 성령이 충만한 사람입니다."

24과 믿음의 가족

누가복음 1장 26-33절

"그에게 들어가 이르되 은혜를 받은 자여 평안할지어다 주께서 너와 함께 하시도다 하니" (눅 1:28)

아래 장면을 성경 이야기 들은 내용의 순서에 맞게 번호를 매겨 봅시다.

알콩달콩~ 재미있게 배워요!

1. 천사는 마리아가 성령으로 누구를 잉태한다고 말했나요? 아래의 힌트상자를 보고 답을 적어보세요.

정답

2. 마리아가 엘리사벳을 찾아가 이야기하고 있네요. 그런데 틀린 그림이 있어요. 틀린 그림을 찾아 오른편 그림에 동그라미를 쳐봅시다.

함께 외쳐요!

"리더는 자신에게 주어진 환경이 어떠하든지 감사하는 사람입니다."

25과 위대한 여성

● 이야기 나누기

"여러분은 어디에서
태어났죠?"

누가복음 1장 34-38절

"마리아가 이르되 주의 여종이오니 말씀대로 내게 이루어지이다 하매 천사가 떠나 가니라" (눅 1:38)

아래 장면을 성경 이야기 들은 내용의 순서에 맞게 번호를 매겨 봅시다.

알콩달콩~ 재미있게 배워요!

1. 걱정하던 마리아에게 용기를 주는 말을 한 사람은 누구인가요? 아래의 지워진 글씨를 완성해보세요.

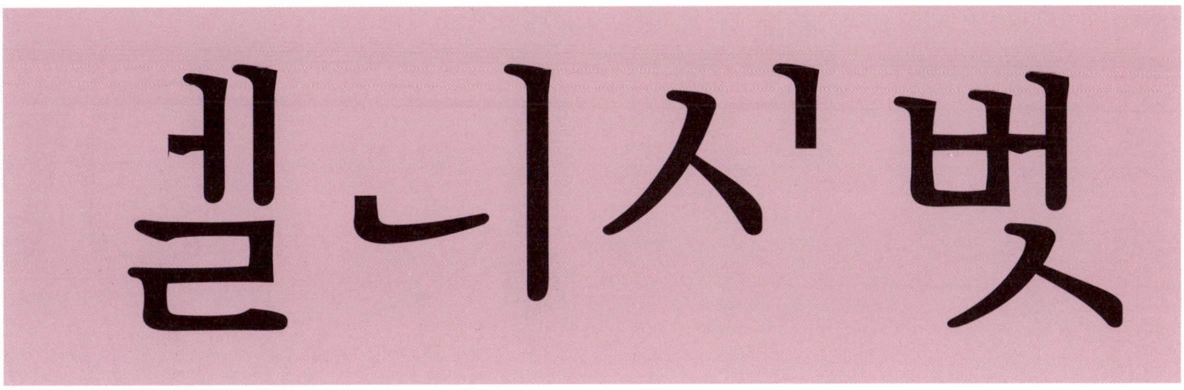

2. 친구들과 함께 재미있는 게임을 해보아요.

<게임방법> 준비물 : 주사위

1. 순서를 정하여 주사위를 던져요
2. 주사위에 나온 숫자의 상자에 적힌 미션을 실천해요

1 친구들에게 칭찬 한 마디씩 해주기	2 예배 후 예배당 청소하기	3 선생님을 꼬옥 안아드리기
4 좋아하는 찬양 부르기	5 친구들을 위해 기도하기	6 하나님께 감사한 마음 온몸으로 표현하기

함께 외쳐요!

"리더는 하나님의 말씀을 믿는 사람입니다."

26과 기도의 사람

누가복음 1장 47-56절

"그의 여종의 비천함을 돌보셨음이라 보라 이제 후로는 만세에 나를 복이 있다 일컬으리로다" (눅 1:48)

왼편의 그림은 어떤 내용의 그림인가요? 오른편 박스에 적어봅시다.

알콩달콩~ 재미있게 배워요!

1. 걱정하던 마리아의 마음은 엘리사벳의 말을 듣고 난 후 어떻게 변했을까요? 아래의 그림에서 마리아의 변화된 얼굴을 직접 그려보아요.

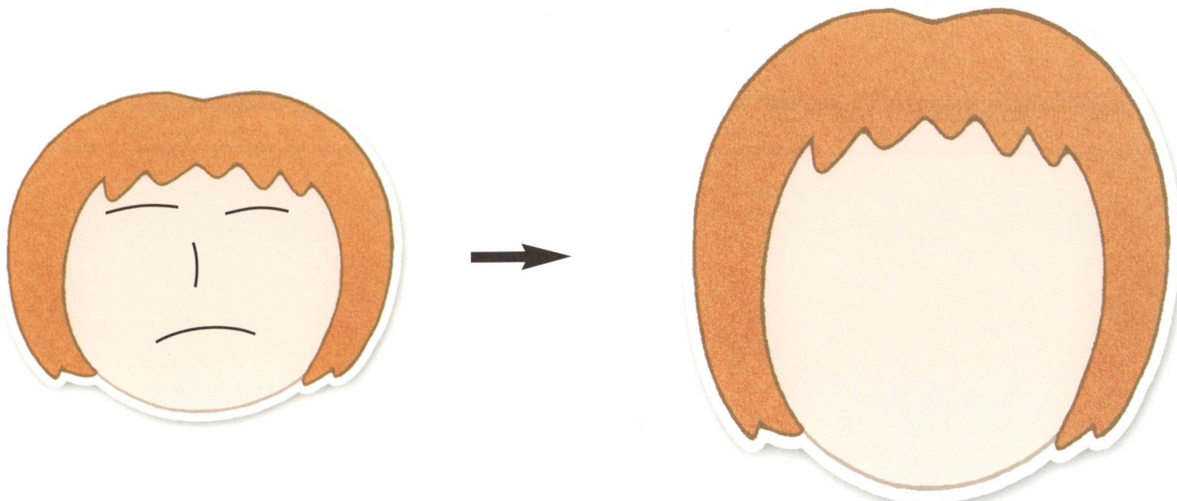

2. 마리아가 할 수 있는 것은 오직 OO뿐이었어요. OO은 무엇인지 숨겨진 글씨를 찾아보세요.

함께 외쳐요!

"리더는 기도하는 사람입니다."